MAGIA PLANETÁRIA

O Poder dos Planetas em Nossas Vidas

Barbara Gardner

Magia Planetária: O Poder dos Planetas em Nossas Vidas © 2020 por Barbara Gardner. Todos os direitos reservados. Nenhuma parte deste livro pode ser usada ou reproduzida de qualquer forma, incluindo o uso na internet, sem autorização por escrito da editora, exceto no caso de citações breves incorporadas em artigos críticos e resenhas.

ISBN: 978-1-7770364-8-5

Primeira Edição 2020

Publicado por Leirbag Press, um selo de Virgo Publishers.
contato@virgopublishers.com

Nota da Autora

Aconselho você a ler todos os seis capítulos que fazem parte deste livro, seguindo a ordem em que estão apresentados aqui. Os conceitos e técnicas introduzidos e detalhados em um capítulo, não são explicados novamente nas seções seguintes. A leitura completa deste livro é a melhor maneira de aproveitá-lo ao máximo.

Barbara Gardner

Conteúdo

INTRODUÇÃO IX

MAGIA PLANETÁRIA 11

Os Sete Planetas e Suas Características 12
Hierarquia de Poder 16

EVOCANDO ESPÍRITOS PLANETÁRIOS 21

OS SETE ESPÍRITOS OLÍMPICOS 27

Evocando os Espíritos Olímpicos 32

CRIANDO SELOS PLANETÁRIOS 37

INVOCANDO A ENERGIA DOS PLANETAS 47

DÚVIDAS COMUNS 49

APÊNDICE 51

Ritual do Pentagrama 51
Invocar e Banir os Quatro Elementos 56
Exemplo de Feitiço com Planeta 58

Figuras e Tabelas

Figura 1. O selo de Saturno — 22
Figura 2. O selo de Júpiter — 22
Figura 3. O selo de Marte — 22
Figura 4. O selo do Sol — 22
Figura 5. O selo de Vênus — 22
Figura 6. O selo de Mercúrio — 22
Figura 7. O selo da Lua — 22
Figura 8. Os selos de Agiel e Zazel — 22
Figura 9. Os selos de Yophiel e Hismael — 23
Figura 10. Os selos de Graphiel e Bartzabel — 23
Figura 11. Os selos de Nakhiel e Sorath — 23
Figura 12. Os selos de Hagiel e Qedemel — 23
Figura 13. Os selos de Tiriel e Taphthartharath — 23
Figura 14. Os selos da Inteligência da Lua e Chasmodai — 24
Figura 15. O selo de Aratron — 29
Figura 16. O selo de Bethor — 29
Figura 17. O selo de Phaleg — 30
Figura 18. O selo de Och — 30
Figura 19. O selo de Hagith — 30
Figura 20. O selo de Ophiel — 31
Figura 21. O selo de Phul — 31
Figura 22. Desenhando um selo planetário — 43
Figura 23. Finalizando um selo planetário — 43
Figura 24. O Pentagrama de Banimento da Terra — 54
Figura 25. Pentagramas de invocação e banimento — 57

Tabela 1. As características dos planetas — 14
Tabela 2. Os nomes dos planetas em Hebraico — 15
Tabela 3. Planetas e esferas — 15
Tabela 4. Os poderes que governam os planetas 1 — 17
Tabela 5. Os poderes que governam os planetas 2 — 18
Tabela 6. Incensos planetários — 24
Tabela 7. Os Espíritos Olímpicos e seus planetas — 32
Tabela 8. Cores ativadoras — 32
Tabela 9. O quadrado de Saturno — 38

Tabela 10. O quadrado de Júpiter	39
Tabela 11. O quadrado de Marte	39
Tabela 12. O quadrado do Sol	39
Tabela 13. O quadrado de Vênus	40
Tabela 14. O quadrado de Mercúrio	40
Tabela 15. O quadrado da Lua	40
Tabela 16. A Gematria de Agrippa	42
Tabela 17. Guia de pronúncia	55

INTRODUÇÃO

Magia é todo o tipo de ação que tem como objetivo projetar algum tipo de energia no mundo astral para que promova mudanças perceptíveis no mundo físico. Essa energia pode vir de várias fontes, como de nós mesmos, da natureza, do cosmos, dos deuses, etc. Na magia planetária, nós trabalhamos com a energia dos planetas, bem como os espíritos que os habitam.

Apesar de usarmos alguns elementos da astrologia na magia planetária, as duas não são a mesma coisa. Na astrologia é estudada a forma como os planetas do nosso sistema solar afetam nossa vida aqui na Terra desde o nosso nascimento, sem que tenhamos conhecimento disso. Na magia, nós invocamos diretamente a energia destes astros para materializar algo que desejamos.

Um detalhe importante que você irá observar neste livro é que não há nenhuma referência a Urano e Netuno. Isso se deve ao fato destes dois planetas estarem muito distantes da gente, o que faz com que eles não tenham tanto poder de influência aqui na Terra. O mesmo vale pra Plutão que tem praticamente zero poder de mudar algo em nossas vidas.

Nos capítulos seguintes, apresento as formas mais comuns de se fazer uso das energias planetárias, mas você não precisa se limitar a elas. Se você for um bruxo mais experiente, será capaz de utilizar as informações fornecidas aqui para criar suas próprias técnicas ou até mesmo potencializar outros trabalhos mágicos.

CAPÍTULO 1

MAGIA PLANETÁRIA

Quando eu estava começando o estudo de magia, eu nem fazia ideia de como os planetas são importantes para a nossa vida. Eu sempre fui apaixonado por astronomia, mas sempre ignorei a astrologia. Signos, posição de planetas, horas, dias, cores, nunca significaram nada para mim até que eu descobri que os planetas são, de fato, a casa de todos os espíritos que conhecemos. Eles são parte de um sistema complexo onde o plano astral está organizado e pelo qual nosso mundo é diretamente influenciado. Exemplos de espíritos bem conhecidos e seus planetas são Gabriel (Lua), Miguel (Sol), Sachiel (Júpiter), Anael (Vênus).

Magia Planetária é um campo cheio de informações que não poderia ser completamente detalhado neste livro que tem a intenção de ser prático e fácil de seguir. Neste capítulo, vamos dar uma breve olhada neste assunto, abordando os pontos necessários para que você possa começar a praticar este tipo de magia.

Os Sete Planetas e Suas Características

Em astronomia, temos os seguintes planetas em nosso sistema solar: Mercúrio, Vênus, Terra, Marte, Júpiter, Saturno, Urano e Netuno. O Sol é a nossa estrela e a Lua o satélite da Terra. Essa é a configuração do sistema solar no plano físico, no entanto, as coisas são um pouco diferentes quando falamos sobre magia planetária. Na astrologia sete planetas ditam nossas vidas; eles são Saturno, Júpiter, Marte, Sol, Vênus, Mercúrio e Lua. Como você pode ver, o Sol é considerado um planeta, assim como a Lua, que é o mais complexo deles, como você verá mais tarde. A Terra não é levada em consideração, porque vivemos aqui e não podemos vê-la olhando para o espaço.

Cada planeta tem uma energia diferente que representa muitos aspectos de nossas vidas. Por exemplo, temos o Sol com seus poderes de cura; Mercúrio regendo sobre o intelecto; Vênus responsável pelas questões sexuais. A seguir, você tem uma lista completa com todas as atribuições dos sete planetas.

Saturno: princípios, maturidade, obrigação, estabilidade, organização, ancestrais, responsabilidade, lei, restrição, prudência, estrutura, idade, trabalho duro, paciência, disciplina, pragmatismo, comando, cautela, pontualidade, administração, obstáculos, privação, hierarquia, fundação, reparação, realidade, dever, honra, treinamento.

Júpiter: viagens, jornadas, amplitude, sabedoria, abundância, liberdade, filantropia, conselhos, justiça, fortuna, bênção, novos começos, ética, oportunidade, felicidade, consulta, filosofia, altruísmo, crenças, otimismo, riqueza.

Marte: esportes, vontade, energia, ação, ardor, pressa, coragem, insistência, desejo sexual, exercício, encontro, combate, tentativa, aventura.

Sol: avanço, autoridades, determinação, decisões, reconhecimento, fama, sucesso, projetos, dignidade, autoconfiança, planos, força, vitalidade, pensamentos, realização, criatividade.

Vênus: comunidades, equilíbrio, romantismo, paquera, diplomacia, meditação, amor, estilos, visitas, atividades sociais, carinho, beleza, encanto, companheirismo, arte, conforto.

Mercúrio: atividades, aprendizado, diálogos, discussões, instruções, discursos, conversas, ensino, correspondências, informações, ideias, transporte, literatura, intelectual, contratos, linguagem, críticas, estudos, edição, conferências, escrita, trânsito, palestras, comunicação.

Lua: marés, relaxamento, sentimentos, emoções, receptividade, meditação, nostalgia, tranquilidade, família, fertilidade, isolamento, subconsciente, calma, carinho, lembranças, segurança, bebês.

Cada planeta tem um dia da semana e horas não consecutivas durante um dia que eles governam. A hora é sempre mais importante do que o dia e a combinação dos dois é uma escolha perfeita. Por exemplo, se alguém deseja trabalhar com o Sol, o melhor dia é domingo durante uma das horas do sol. Mas se você não estiver disponível durante o horário, você deve escolher qualquer outro dia, mas sempre respeitando as horas do sol. As horas planetárias não são as mesmas todos os dias e elas são calculadas com base em sua localização. Você pode encontrar muitos sites que lhe darão as horas de um dia específico com base em onde você se encontra; há também alguns aplicativos para Android que lhe mostrarão esta informação de forma ainda mais precisa.

Outras características dos planetas são as cores e símbolos. As cores que você vai aprender neste livro são conhecidas como Escala da Rainha, o que representa o nível dos Arcanjos. Toda operação feita neste nível irá refletir aqui na Terra, portanto, você não precisa aprender os outros níveis por agora. Os símbolos dos planetas também são uma parte importante da magia planetária; eles carregam um poder místico e são usados em muitas operações, como evocações de espíritos planetários. Abaixo, você tem uma tabela contendo o dia dos planetas, cores e símbolos.

Tabela 1. As características dos planetas

Planeta	Dia	Cor	Símbolo
Saturno	Sábado	Preto	♄
Júpiter	Quinta	Azul	♃
Marte	Terça	Vermelho	♂
Sol	Domingo	Amarelo	☉
Vênus	Sexta	Esmeralda	♀
Mercúrio	Quarta	Laranja	☿
Lua	Segunda	Violeta	☾

Se você chegou aqui depois de ler o último capítulo, você deve ter notado que na invocação de Miguel nos referimos ao Sol como Shemesh. Este é o nome Hebraico do Sol e todos os outros planetas têm o seu próprio. Na tabela seguinte, você pode ver o nome em Hebraico dos sete planetas.

Tabela 2. Os nomes dos planetas em Hebraico

Planeta	Nome Hebraico
Saturno	Shabbathai
Júpiter	Tzedek
Marte	Madim
Sol	Shemesh
Vênus	Nogah
Mercúrio	Kobab
Lua	Levanah

Cada planeta é parte de uma estrutura maior chamada Sephiroth ou Sephira (singular). As Sephiroth são descritas como esferas que são emanações do poder divino. Esta é uma explicação simplista destas complexas estruturas e se destina apenas a servir como uma introdução para o próximo assunto sobre as diferentes forças que regem as esferas e os planetas. A seguir, você tem uma tabela relacionando os planetas com suas esferas correspondentes.

Tabela 3. Planetas e esferas

Planeta	Esfera
Saturno	Binah
Júpiter	Chesed
Marte	Geburah
Sol	Tiphareth
Vênus	Netzach
Mercúrio	Hod
Lua	Yesod
Terra	Malkuth

Hierarquia de Poder

Existem quatro níveis de poder que devem ser considerados quando se trabalha com planetas; eles são Divino, Arcangélico, Angélico e Terrestre. Os níveis Divinos são as esferas de luz onde um nome específico de Deus (nome divino) manifesta, e abaixo de Deus está o arcanjo da esfera. O nível Arcangélico é representado pelos arcanjos planetários; Angélico por suas inteligências e o nível Terrestre corresponde aos espíritos dos planetas.

Os arcanjos das esferas são superiores aos dos planetas. Eles têm mais poder e podem fazer qualquer coisa, em qualquer nível, uma vez que são governantes das Sephiroth. Isso não significa que você deva ir diretamente pedir alguma coisa a esses espíritos. Os arcanjos planetários são especializados de acordo com as características de seus planetas e, assim, eles podem nos dar o que queremos mais rapidamente.

A inteligência é um anjo que controla o espírito do planeta. Eles basicamente dizem aos espíritos o que fazer, porque os espíritos sozinhos são forças cegas. Quando você deseja uma abordagem mais introspectiva ou reflexiva aos poderes do planeta, você geralmente chama a inteligência. Quando você quer coisas materiais, como a obtenção de um emprego, um carro novo, ou até mesmo atrair alguém que você ama, você deve trabalhar com o espírito. Tenha em mente que as inteligências podem ser forças difíceis de lidar e os espíritos são ainda mais desafiadores. Ao evocar o espírito você deve sempre chamar a inteligência primeiro e quando evocar a inteligência é aconselhável chamar o arcanjo do planeta.

Tabela 4. Os poderes que governam os planetas 1

Esfera	Nome de Deus	Arcanjo	Planeta
Binah	YHVH Elohim אלהים יהוה	Tzaphkiel צפקיאל	Saturno
Chesed	El אל	Tzadkiel צדקיאל	Júpiter
Geburah	Elohim Gibor גביר אלהים	Kamael כמאל	Marte
Tiphareth	YHVH Eloah ve-Daath ודעת אלוה יהוה	Raphael רפאל	Sol
Netzach	YHVH Tzabaoth צבאות יהוה	Haniel האניאל	Vênus
Hod	Elohim Tzabaoth בצאות אלהים	Michael מיכאל	Mercúrio
Yesod	Shaddai El Chai חי אל שדי	Gabriel גבריאל	Lua
Malkuth	Adonai Ha Aretz מלך אדני	Sandalphon סנדלפון	Terra

Tabela 5. Os poderes que governam os planetas 2

Planeta	Arcanjo	Inteligência	Espírito
Saturno	Cassiel כסיאל	Agiel אגיאל	Zazel זזאל
Júpiter	Sachiel סחיאל	Yophiel יופיאל	Hismael הסמאל
Marte	Zamael זמאל	Graphiel גראפיאל	Bartzabel ברצבאל
Sol	Michael מיכאל	Nakhiel נכיאל	Sorath סורת
Vênus	Anael אנאל	Hagiel הגיאל	Qedemel קדמאל
Mercúrio	Raphael רפאל	Tiriel תיריאל	Taphthartharath תפתרתרת
Lua	Gabriel גבריאל	Malkah Be Tarshishim va A'ad Be Ruah Shehaqim מלכא ועד בתרשישים שהקים ברוה	Chasmodai חשמודאי

Note-se que Raphael é o arcanjo de ambos Tiphareth (esfera) e Mercúrio (planeta); Michael (ou Miguel) é o arcanjo de Hod e do Sol; Gabriel é o arcanjo de Yesod e da Lua. Tomando Raphael como exemplo, a diferença entre o que governa o planeta e o que governa uma esfera são seus poderes. Raphael governante de Mercúrio tem seus poderes de acordo com as características do planeta, enquanto o Raphael que governa Tiphareth tem poder ilimitado.

A Lua é o planeta mais complexo, porque tem muitas moradas e cada uma delas tem sua própria inteligência e espírito. Malkah Be Tarshishim va A'ad Be Ruah Shehaqim é a inteligência das inteligências da Lua. O espírito dos espíritos da Lua é Schad Barschemoth ha Shartathan, mas alguns livros antigos referem-se a Chasmodai ou Hasmodai como o espírito da Lua. Por uma questão de simplicidade, preferi usar Chasmodai como o espírito da Lua, porque quando aprendermos a fazer selos planetários será muito difícil de escrever o nome tanto da inteligência das inteligências e espírito dos espíritos em um pequeno pedaço de papel.

CAPÍTULO 2

EVOCANDO ESPÍRITOS PLANETÁRIOS

A primeira coisa a se fazer antes de evocar um espírito planetário é decidir o que você quer dele. Você não deve chamá-los para fazer perguntas que podem ser respondidas através de um livro ou uma simples consulta na internet. Você só deve pedir a ajuda deles com as coisas que você não pode conseguir sozinho ou que exigem trabalho duro. A segunda coisa é definir se o seu problema é mais material ou intelectual. A regra é material = espírito e intelectual = inteligência ou arcanjo.

Geralmente não se chama os arcanjos das esferas em um ritual de evocação. Estas criaturas cuidam de todo o universo e não apenas do nosso sistema solar. Você obterá melhores resultados trabalhando com as inteligências e espíritos dos planetas.

Todas as operações mágicas envolvendo planetas devem ser realizadas no dia e/ou hora do planeta específico. Não ignore este fato ou então a energia que será direcionada aos seus trabalhos será consideravelmente pequena, diminuindo as chances de bons resultados.

Selos dos Planetas, Inteligências e Espíritos

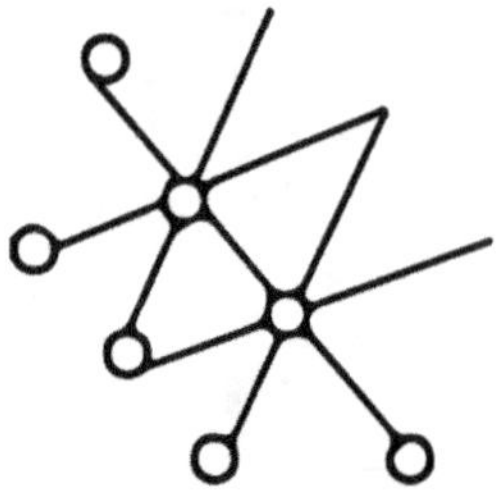

Figura 1. O selo de Saturno

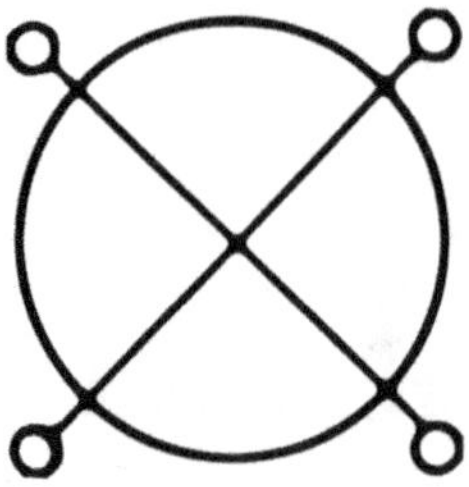

Figura 2. O selo de Júpiter

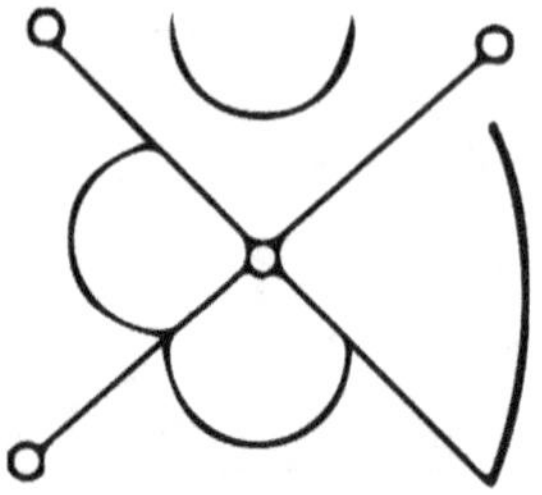

Figura 3. O selo de Marte

Figura 4. O selo do Sol

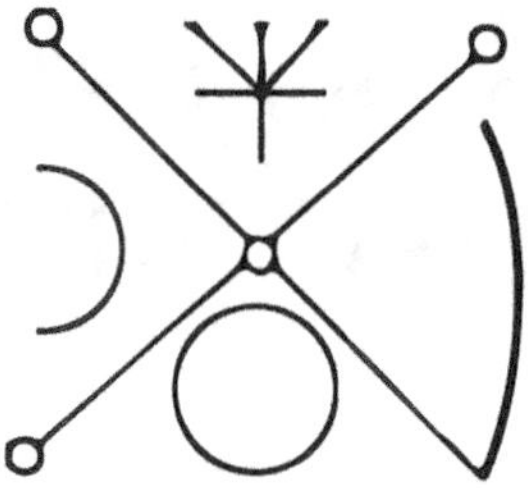

Figura 5. O selo de Vênus

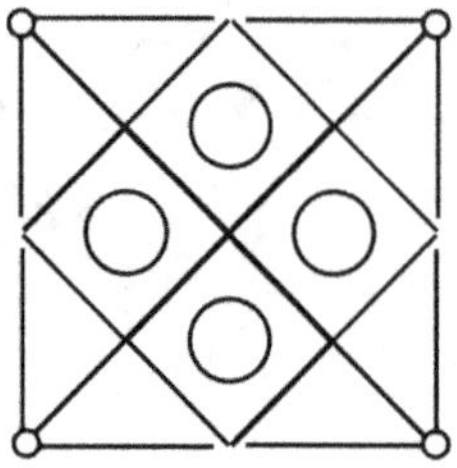

Figura 6. O selo de Mercúrio

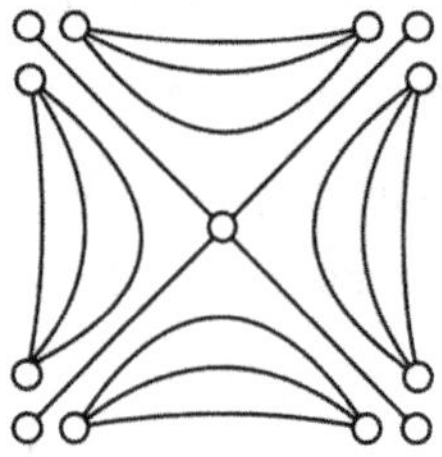

Figura 7. O selo da Lua

Abaixo, você tem os selos das inteligências e espíritos, respectivamente.

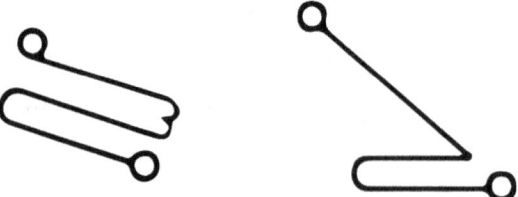

Figura 8. Os selos de Agiel e Zazel

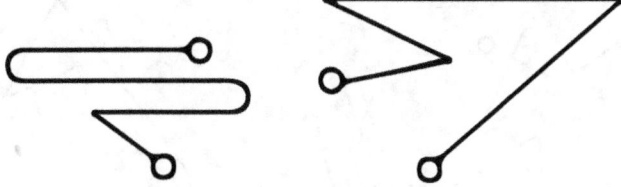

Figura 9. Os selos de Yophiel e Hismael

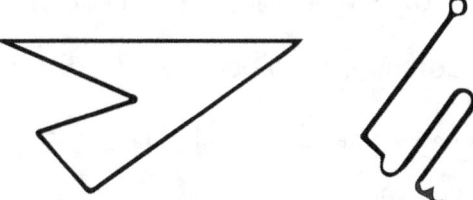

Figura 10. Os selos de Graphiel e Bartzabel

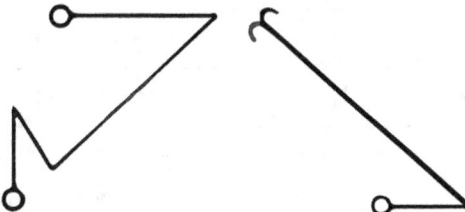

Figura 11. Os selos de Nakhiel e Sorath

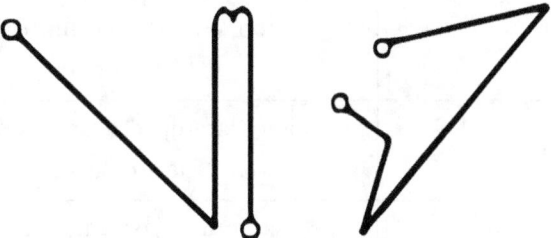

Figura 12. Os selos de Hagiel e Qedemel

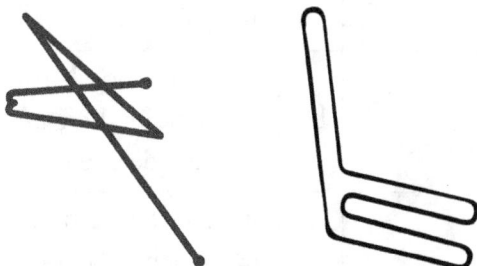

Figura 13. Os selos de Tiriel e Taphthartharath

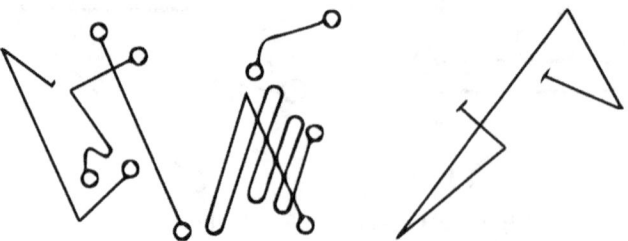

Figura 14. Os selos da Inteligência da Lua e Chasmodai

Coisas Que Você Vai Precisar

➢ Três velas na cor adequada do planeta.

➢ Incenso de acordo com a seguinte tabela:

Tabela 6. Incensos planetários

Planeta	Incenso
Saturno	Almíscar, mirra, civeta, patchuli, sálvia.
Júpiter	Cedro, noz-moscada, madressilva, macis, limão, açafrão.
Marte	Sangue de dragão, pinho, cipreste, benjoim, tabaco, coentro, cominho, gengibre, pimenta.
Sol	Olíbano, laranja, acácia, calêndula, canela, louro, açafrão.
Vênus	Rosa, murta, jasmim, benjoim, maçã, camomila, cardamomo, gardênia, jacinto, lilás, magnólia, baunilha, alcaçuz, almíscar.
Mercúrio	Macis, amêndoa, estoraque, sândalo, lavanda, benjoim, bergamota, menta, sálvia, ervilha de cheiro, lírio do vale.
Lua	Jasmim, papoula, murta, cânfora, sândalo, dama da noite, ópio.

Passo a Passo

I. Desenhe o selo do planeta em papel A4 utilizando a cor adequada. Em um pequeno papel desenhe separadamente o selo do espírito e inteligência, também usando a cor do planeta.

II. Prepare o altar com o Triângulo de Arte, velas e incenso. O triângulo deve ser colocado sobre o selo do planeta.

III. Coloque uma vela em cada extremidade do triângulo. Incenso deve ser colocado do lado direito e esquerdo.

IV. Coloque o selo do espírito e inteligência dentro do triângulo.

V. Realize o Ritual de Banimento do Pentagrama.

Nota: algumas fontes dizem que você deve realizar o Ritual Maior do Hexagrama para invocar a energia planetária. Eu não acho que isso é necessário, porque o ritual que eu descrevo aqui é para ser realizado na hora do planeta. O RMH foi criado pela Golden Dawn em 1888 e magia planetária é muito mais antiga do que isso.

VI. Acenda as velas e incenso.

VII. Trace um círculo.

VIII. Evoque o arcanjo do planeta:

Ó Grande e Poderoso [insira o nome do arcanjo], arcanjo de [insira o nome do planeta], em nome de [insira o nome de Deus da esfera], eu te invoco. Venha e se revele para mim.

IX. Evoque a inteligência do planeta:

Ó Grande e Poderoso [insira o nome da inteligência], inteligência de [insira o nome do planeta], em nome de [insira o nome do arcanjo], eu te invoco. Venha e se revele para mim.

X. Evoque o espírito do planeta:

Ó Grande e Poderoso [insira o nome do espírito], espírito de [insira o nome do planeta], em nome de [insira o nome da inteligência], eu te invoco. Venha pronto para responder às minhas perguntas e cumprir os meus comandos, porque eu te invoco em nome de [insira o nome da inteligência].

XI. Quando você sentir a presença do espírito, dê-lhe os seus comandos. Nunca se esqueça de pedir para que ele complete sua tarefa sem causar danos a você, sua família e seus amigos.

XII. Agradecendo os espíritos

Dou graças a ti, ó Grande Arcanjo de [insira o nome do planeta], por tua presença neste rito. Tu agora podes ir em paz, retornando para de onde veio e pronto para realizar o que lhe foi solicitado.

Repita o mesmo para a inteligência e espírito.

XIII. Faça a Cruz Cabalística (ver Apêndice).

CAPÍTULO 3

OS SETE ESPÍRITOS OLÍMPICOS

A única fonte sobre os Espíritos Olímpicos é o Arbatel de Magia datado de 1575, traduzido por Robert Turner ao inglês em 1655. Nenhum outro livro havia mencionado esses espíritos anteriormente. Eu também não conheço nenhum livro após essa data que acrescente algo diferente sobre eles. Como o nosso foco aqui será o de aprender a evocar os Espíritos Olímpicos e o fato de que o Arbatel continua sendo a nossa principal fonte de conhecimento sobre eles, eu vou citar aqui exatamente o que é dito sobre estes sete espíritos no livro mencionado. Isso nos dará, de fato, todas as informações necessárias que precisamos para chamar cada um deles.

"Eles são chamados Espíritos Olímpicos que habitam no firmamento e nas estrelas do firmamento; e o ofício destes espíritos é declarar destinos e administrar encantamentos fatais, tão longe como Deus os permitir, pois nada, nem espírito mau, nem mau destino poderá ferir quem tiver o Altíssimo como seu refúgio. Se então quaisquer dos Espíritos Olímpicos lhe declarar para que a estrela dele é designada, é preciso entender que mesmo assim ele não pode produzir nada, a menos

que lhe seja permitido pelo poder divino. É Deus somente quem dá a eles poder para efetuar qualquer coisa. Ao Deus que fez tudo, todas as coisas celestiais, terrestres e infernais são obedientes. Resumindo: deixe Deus ser teu guia em todas as coisas que tu fizeres, e todas as coisas atingirão a um feliz e desejado fim; assim como a história do mundo inteiro testifica e serve de experiência diariamente. Há paz para os fiéis; não há nenhuma paz para os ímpios, disse Deus.

Há sete governantes diferentes dos Espíritos do Olimpo para quem Deus designou toda a estrutura e o universo deste mundo para ser governado, e as estrelas visíveis deles são Aratron, Bethor, Phaleg, Och, Hagith, Ophiel e Phul. Cada um destes tem sob seu comando uma milícia poderosa no firmamento.

Existem 186 Províncias Olímpicas no universo inteiro. Nas quais os sete governadores exercem seus poderes. Tudo isto está elegantemente explícito na astronomia, mas aqui será explicado de que maneira podemos contatar estes príncipes e poderes.

Aratron aparece na primeira hora de sábado e dá respostas verdadeiras referentes às suas províncias e as coisas relacionadas a ela. Tão igualmente os outros aparecem em ordem nos seus dias e horas. Também cada um deles governa durante 490 anos. O início do governo deles foi no ano 60 antes do nascimento de Cristo. Era o começo da administração de Bethor e durou até o ano 430 de nossa era. Seu sucessor foi Phaleg até o ano 920. Então foi a vez de Och e continuou até o ano 1410, seguido por Hagith que governa até o ano de 1900.

O governador Aratron tem em seu poder todas as coisas que ele faz naturalmente. Mas está sujeito astronomicamente ao poder de Saturno, pois estas coisas estão submetidas a este planeta.

Seus poderes envolvem:

1. Ele pode converter qualquer coisa em uma pedra rapidamente, seja animal ou planta, enquanto retendo o mesmo objeto à visão.

2. Ele converte tesouros em carvão e carvão em tesouro.

3. Ele dá espíritos familiares com um poder definido.

4. Ele ensina alquimia, magia e física.

5. Ele reconcilia os espíritos subterrâneos com os homens e faz os homens cabeludos.

6. Ele pode fazer alguém ser invisível.

7. O estéril ele transforma em frutífero e dá vida longa.

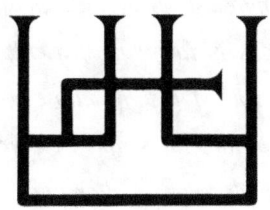

Figura 15. O selo de Aratron

Ele tem sob seu comando 49 reis, 42 príncipes, 35 presidentes, 28 duques, 21 ministros em pé diante dele, 14 familiares, sete mensageiros. Ele comanda 36000 legiões de espíritos.

Bethor governa as coisas que são designadas para Júpiter. Ele vem rapidamente quando é chamado. É preciso estar em posse de seu caractere para que ele obedeça e conceda grandes coisas, tais como tesouros. Ele reconcilia os espíritos aéreos para que eles deem respostas verdadeiras para suas perguntas, transportem pedras preciosas e façam medicamentos que agem milagrosamente. Também dá espíritos familiares no firmamento e prolonga a vida para 700 anos se Deus permitir.

Figura 16. O selo de Bethor

Ele tem sob seu comando 42 reis, 35 príncipes, 28 duques, 21 conselheiros, 14 ministros, sete mensageiros, 29000 legiões de espíritos.

Phaleg governa as coisas que são atribuídas a Marte, o Príncipe da Paz. Aquele que tem seu caractere, ele dará grandes honras em assuntos bélicos.

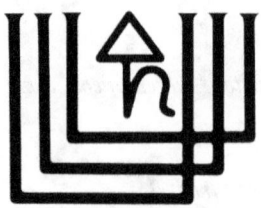

Figura 17. O selo de Phaleg

Och governa as coisas solares. Ele dá 600 anos com saúde perfeita, concede grande sabedoria, fornece os espíritos mais excelentes, ensina medicamentos perfeitos, converte todas as coisas no mais puro ouro e pedras preciosas, dá ouro e uma bolsa de ouro que nunca acaba. Aquele que trouxer consigo seu caractere, ele fará ser adorado como uma deidade pelos reis do mundo inteiro.

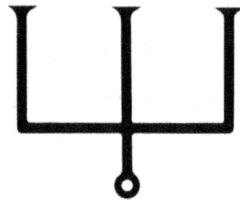

Figura 18. O selo de Och

Ele tem sob seu comando 36536 legiões. Ele administra todas as coisas sozinho e todos os seus espíritos o servem por séculos.

Hagith governa as coisas de Vênus. Aquele que trouxer seu caractere consigo, ele o fará muito justo e coberto de toda beleza. Ele transforma cobre em ouro rapidamente e ouro em cobre. Os espíritos que ele fornece servem fielmente a quem são designados.

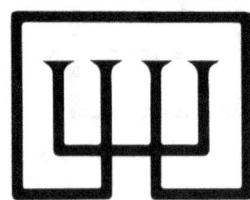

Figura 19. O selo de Hagith

Ele tem 4000 legiões de espíritos sob seu comando.

Ophiel é o governador das coisas atribuídas a Mercúrio. Seu caractere é esse.

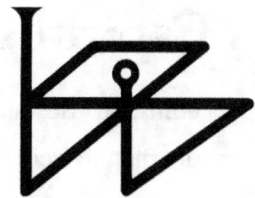

Figura 20. O selo de Ophiel

Seus espíritos são 100000 legiões. Ele facilmente concede espíritos familiares, ensina todas as artes, e aquele que é digno com seu caractere, ele o faz capaz de converter mercúrio em pedra filosofal.

Phul transforma todos os metais em prata, palavras e ato. Ele governa as coisas lunares. Cura hidropisia, fornece espíritos da água que servem ao homem com uma forma corpórea e visível e faz o homem viver 300 anos."

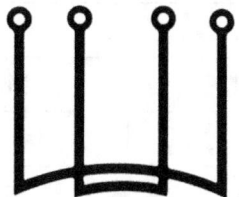

Figura 21. O selo de Phul

Arbatel de Magia

As explicações acima sobre os sete Espíritos Olímpicos (Aratron, Bethor, Phaleg, Och, Hagith, Ophiel, Phul) extraídas do Arbatel de Magia são suficientes para entendermos como esses espíritos são incrivelmente poderosos. Podemos ver isso pelo número de outros espíritos poderosos, como reis, que estão sob seus comandos. Na Goétia, por exemplo, temos reis que governam 50, 70 legiões de espíritos. Ophiel comanda sozinho 100000 legiões. Você deve respeitar todos os espíritos com quem você trabalha, mas quando se trabalha com estes, seja ainda mais respeitoso.

Evocando os Espíritos Olímpicos

Como você já sabe, todo procedimento de magia planetária deve seguir algumas regras, como a hora do planeta, cores e incensos. Para cores, verifique a Tabela 3. Para incensos, verifique a Tabela 8.

Tabela 7. Os Espíritos Olímpicos e seus planetas

Espírito	Planeta
Aratron	Saturno
Bethor	Júpiter
Phaleg	Marte
Och	Sol
Hagith	Vênus
Ophiel	Mercúrio
Phul	Lua

Para este ritual, vamos usar algo chamado Discos Planetários. Estes discos são feitos usando a cor do planeta e a cor ativadora (flashing color) correspondente. Este sistema foi desenvolvido pela Ordem Hermética da Golden Dawn.

Tabela 8. Cores ativadoras

Cor	Cor ativadora
Preto	Branco
Azul	Laranja
Vermelho	Verde
Amarelo	Violeta
Verde	Vermelho
Laranja	Azul
Violeta	Amarelo

Um disco planetário é um círculo de papel com 10 centímetros de diâmetro aproximadamente. A cor de fundo é a cor do planeta. No centro, o símbolo do planeta deve ser desenhado com a cor ativadora.

Coisas que você vai precisar

- Três velas na cor do planeta.
- Incenso de acordo com o planeta.
- Disco planetário.
- O selo do Espírito Olímpico.
- Acessórios para deixar o lugar com a cor do planeta o quanto possível.

Pré-ritual

I. Autopurificação

Fique 24 horas sem comer carne para purificar sua alma e tome um banho antes do ritual para limpar seu corpo.

II. Arranjos do templo

Use cortinas, tapetes, panos na cor do planeta pelo menos no altar. Luz colorida é a melhor opção aqui. Você pode fazer uma usando luz branca e celofane. Coloque celofane da cor adequada na frente de uma fonte de luz branca e o resultado será uma luz na cor desejada.

III. Preparando o altar

Cubra o altar com um pano na cor do planeta. Coloque o triângulo com uma vela em cada um de seus lados. Incenso deve ser colocado no lado direito e esquerdo do triângulo.

Coloque o disco planetário dentro do triângulo e sobre ele o selo do Espírito Olímpico. Nota: no Arbatel de Magia, a palavra "caractere" é usada para se referir aos selos.

O ritual

I. Realize o Ritual de Banimento do Pentagrama.

Nota: algumas fontes dizem que você deve realizar o Ritual Maior do Hexagrama para invocar a energia planetária. Eu não acho que isso é necessário, porque o ritual que eu descrevo aqui é para ser realizado na hora do planeta. O RMH foi criado pela Golden Dawn em 1888 e magia planetária é muito mais antiga do que isso.

II. Acenda as velas e incenso.

III. Trace um círculo.

IV. Junte as mãos e diga:

Em nome de [insira o nome de Deus da esfera], declaro este templo aberto e pronto para receber a energia de [inserir o planeta].

V. Comece a evocação:

Ó Grande [insira o nome do espírito], Espírito Olímpico de [insira o nome do planeta], governando sob o nome de [insira o nome de Deus da esfera] e em nome desse mesmo Deus, eu te invoco. Compareça diante de mim agora e responda todas as minhas perguntas. Venha sem demora, pacificamente e visivelmente. Falo em nome de quem criou todas as coisas e para quem tu és obediente. Venha [insira o nome do espírito], eu te invoco.

Repita esta conjuração sete vezes e espere pelo espírito. Se ele não aparecer, repita mais sete vezes. Lembre-se que você tem menos de uma hora para terminar o ritual.

Se o espírito não puder vir, pode ser que ele envie um dos milhares de espíritos sob seu comando em seu lugar. Não há nenhum problema nisso. O espírito vai entregar todos os seus pedidos ao mestre dele. Para ter certeza sobre qual espírito está presente, você deve pedir uma confirmação através do incenso ou chama da vela, tão logo você note a presença de alguém.

VI. Depois de terminado, agradeça ao espírito:

Ó Grande Espírito Olímpico [insira o nome do espírito], agradeço-te por tua presença. Espero que tu possas cumprir tudo o que pedi de ti. Vá em paz e retorne para de onde veio.

OU

Dou graças a ti, espírito sob o comando de [insira o nome do Espírito Olímpico] por tua presença. Vá agora e entregue a minha mensagem ao seu mestre.

VII. Feche o templo:

Eu agora declaro este templo de [insira o nome do planeta] fechado.

VIII. Faça a Cruz Cabalística.

CAPÍTULO 4

CRIANDO SELOS PLANETÁRIOS

Selos planetários são selos criados com a ajuda dos chamados Quadrados Mágicos ou Kameas para representar algo que você deseja que aconteça em sua vida. Em outras palavras, você utiliza a energia de um planeta e os espíritos que o governam para materializar seu desejo sem que você tenha que realizar uma evocação.

Os Quadrados Mágicos planetários ou Kameas são números dispostos em um determinado formato representando as forças dominantes de um planeta, incluindo o próprio planeta. A soma de cada linha irá resultar em um número chamado constante mágica. Vamos dar uma olhada no quadrado de Saturno.

Tabela 9. O quadrado de Saturno

4	9	2
3	5	7
8	1	6

Pode-se somar os números em qualquer direção e o resultado será 15 em todas elas. Exemplos: 4 + 9 + 2 = 15; 2 + 5 + 8 = 15.

Escolhendo o Planeta Correto

A primeira e mais importante coisa a se fazer é escolher a energia certa para trabalhar. Se você quer dinheiro, você não irá trabalhar com Vênus, porque este planeta não tem nada a ver com dinheiro. Escolher a energia errada pode causar efeitos adversos. Você pode verificar as características de cada planeta no início deste capítulo.

Desenhando os Quadrados Mágicos

Mais uma vez eu recomendo que você faça todos os procedimentos na hora do planeta. Os quadrados devem ser desenhados em uma folha de papel em branco depois de exorcizá-la.

Criatura do papel, eu te exorcizo e te consagro. Agora tu estás purificada e pronta para ser usada em meus trabalhos mágicos.

Tabela 10. O quadrado de Júpiter

4	14	15	1
9	7	6	12
5	11	10	8
16	2	3	13

Tabela 11. O quadrado de Marte

11	24	7	20	3
4	12	25	8	16
17	5	13	21	9
10	18	1	14	22
23	6	19	2	15

Tabela 12. O quadrado do Sol

6	32	3	34	35	1
7	11	27	28	8	30
19	14	16	15	23	24
18	20	22	21	17	13
25	29	10	9	26	12
36	5	33	4	2	31

Tabela 13. O quadrado de Vênus

22	47	16	41	10	35	4
5	23	48	17	42	11	29
30	6	24	49	18	36	12
13	31	7	25	43	19	37
38	14	32	1	26	44	20
21	39	8	33	2	27	45
46	15	40	9	34	3	28

Tabela 14. O quadrado de Mercúrio

8	58	59	5	4	62	63	1
49	15	14	52	53	11	10	56
41	23	22	44	45	19	18	48
32	34	35	29	28	38	39	25
40	26	27	37	36	30	31	33
17	47	46	20	21	43	42	24
9	55	54	12	13	51	50	16
64	2	3	61	60	6	7	57

Tabela 15. O quadrado da Lua

37	78	29	70	21	62	13	54	5
6	38	79	30	71	22	63	14	46
47	7	39	80	31	72	23	55	15
16	48	8	40	81	32	64	24	56
57	17	49	9	41	73	33	65	25
26	58	18	50	1	42	74	34	66
67	27	59	10	51	2	43	75	35
36	68	19	60	11	52	3	44	76
77	28	69	20	61	12	53	4	45

Formulando a Afirmação de Intenção

Esta parte é crucial e você deve ter cuidado aqui. Não use palavras, como "eu quero"; em vez disso, você deve dizer "eu vou, é meu desejo, esta é a minha vontade, eu sou", etc. Eu prefiro "eu vou". Exemplo: Eu vou ganhar cinquenta mil dólares por mês. Você tem que ter certeza sobre o que você realmente quer. Não há espaço para dúvidas aqui e você nunca deve usar palavras negativas, porque seu subconsciente tem um papel importante e ele tende a ignorar todas as palavras negativas. Em vez de dizer "eu não quero mais ser doente", você diz "eu vou ser curado". Do contrário, seu subconsciente entenderia "eu quero ser doente".

Removendo Vogais e Letras Repetidas

Para tornar o processo mais fácil, você deve remover todas as vogais e letras repetidas da sua frase de afirmação de intenção. Você não precisa se preocupar, porque a sua intenção já foi criada e o universo sabe o que esta sequência de letras significa.

Exemplo: "eu vou ganhar cinquenta mil dólares por mês" se tornará VGNHRCQTMLDSP.

Convertendo as Letras em Números

Este processo é chamado Gematria. Existem muitos métodos que podem ser encontrados na internet, como Hebraico, Latim, Crowley, Golden Dawn Hebraico, etc., mas só vamos precisar da Gematria de Agrippa que é o método mais preciso que temos disponível.

Tabela 16. A Gematria de Agrippa

A	B	C	D	E	F	G	H	I
1	2	3	4	5	6	7	8	9
K	L	M	N	O	P	Q	R	S
10	20	30	40	50	60	70	80	90
T	U	X	Y	Z	J	V	Hi	W
100	200	300	400	500	600	700	800	900

Note-se que Hi é uma letra obsoleta.

Reduzindo os Números

Os quadrados têm uma quantidade limitada de números. Se você tem VZS em sua declaração de intenção que corresponde a 700-500-90 de acordo com o sistema de Agrippa e você estiver usando o quadrado do Sol por exemplo, você tem que cortar zeros até que eles se encaixem. 700-500-90 se tornaria 7-5-9.

Como podemos saber qual o último número de cada quadrado planetário? Basta multiplicar as linhas horizontais pelas verticais. Exemplo: Sol = 6x6 = 36. Assim, com o Sol você só pode usar números até 36.

Criação do Selo

Agora você só precisa ligar os números no quadrado adequado respeitando a ordem da sequência. Se o primeiro número é 5, então você deve começar por 5. Faça um círculo no primeiro número indicando o ponto de partida e uma linha no último indicando o fim do desenho. Se a sua sequência tem números repetidos consecutivamente, desenhe uma espécie de gancho indicando que a linha está passando duas vezes através desse número.

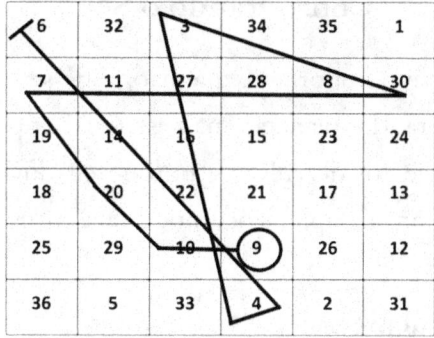

Figura 22. Desenhando um selo planetário

Numa folha de papel em branco, desenhe dois triângulos um dentro do outro e desenhe o selo no interior do triângulo menor, como mostrado na figura a seguir.

Figura 23. Finalizando um selo planetário

A borda dos triângulos e o selo devem ser feitos na cor do planeta. Na parte externa esquerda do triângulo menor, escreva o nome de Deus da esfera e à direita o nome do arcanjo da esfera. Na parte inferior do triângulo menor, escreva o nome do arcanjo do planeta; no lado esquerdo, escreva o nome da inteligência e à direita o nome do espírito do planeta.

Consagrando o Selo

Este é um passo muito importante que não pode ser evitado. Você deve consagrá-lo na hora do planeta, mas isso não precisa acontecer na mesma hora que ele foi desenhado, porque eu duvido que você teria tempo para isso. Por exemplo, você pode fazê-lo na parte da manhã e consagrá-lo à noite.

Coisas que você vai precisar

- Uma vela branca.
- Incenso (de qualquer tipo).
- Um recipiente com água.
- Sal, terra ou areia.

Arranjos do templo

I. Prepare um altar no centro da área que você está trabalhando. É um altar simples. Você pode usar uma caixa, uma mini mesa ou qualquer coisa onde se possa colocar os itens sobre ela. Deve haver espaço para que você possa andar em torno do altar.

II. Coloque o incenso no chão ao leste, a vela no sul, o recipiente com água no oeste e o sal (solo ou areia) no norte.

O ritual

I. Coloque o selo no altar.

II. Realize o Ritual de Banimento do Pentagrama.

III. Faça a invocação dos quatro elementos (ver Apêndice).

IV. Vá para o leste, virado para o leste e diga:

A intenção deste trabalho é consagrar um selo de [insira o nome do planeta] para [dizer a intenção do selo]. Assim seja.

V. Vá para o oeste do altar e vire-se para o leste. Aponte sua varinha para o selo. Se você não tem uma varinha, use o dedo indicador direito.

Diga as invocações:

Ó Tu que és [insira o nome de Deus da esfera], Deus Todo-Poderoso de [insira o nome da esfera], abençoe este selo e permita que o que ele representa se manifeste na minha vida.

Ó Tu que és [insira o nome do arcanjo da esfera], arcanjo Forte e Poderoso de [insira o nome da esfera], abençoe este selo e faça com o que ele representa se manifeste na minha vida.

Ó Tu que és [insira o nome do arcanjo do planeta], arcanjo Forte e Poderoso de [insira o nome do planeta], abençoe este selo e faça com o que ele representa se manifeste na minha vida.

Ó Tu que és [insira o nome da inteligência do planeta], inteligência Forte e Poderosa de [insira o nome do planeta], abençoe este selo e faça com o que ele representa se manifeste na minha vida.

Ó Tu que és [insira o nome do espírito do planeta], espírito Forte e Poderoso de [insira o nome do planeta], abençoe este selo e faça com o que ele representa se manifeste na minha vida.

Em nome de [insira o nome de Deus da esfera], por meio do trabalho daqueles que governam o planeta [insira o nome do planeta], cujos nomes estão escritos sobre este selo, [diga o que você quer que aconteça, a intenção]. Assim seja. Amém.

Observe que com Deus usamos o verbo permitir em vez de fazer. Isto acontece, porque uma vez que temos a permissão de um dos nomes divinos, tudo se torna mais fácil.

VI. Leve o selo para o leste, acenda o incenso e diga:

Que os poderes do ar consagrem este selo.

Passe o selo através da fumaça do incenso.

Faça o mesmo com o fogo (sul), água (oeste) e terra (norte). Você não precisa e não deve deixar que o selo toque a chama. Além disso, coloque apenas uma pequena gota de água através do seu dedo no canto do selo.

VII. Volte para o leste, levante as mãos e diga:

Dou graças a Ti, Ó Senhor do Universo, por permitir esse trabalho acontecer neste dia.

VIII. Desenhe o Pentagrama de Banimento do Ar no leste, do Fogo no sul, da Água no oeste e da Terra no norte (ver Apêndice).

IX. Faça a Cruz Cabalística para terminar o ritual.

CAPÍTULO 5

INVOCANDO A ENERGIA DOS PLANETAS

Nos capítulos anteriores, você aprendeu algumas maneiras de alcançar objetivos específicos através do contato com espíritos planetários e o uso de selos. Aqui você será introduzido ao método de invocação de energias planetárias, na qual significa absorver as vibrações e poderes em nosso corpo e aura, permitindo com que nossa vida seja transformada de acordo com as características do planeta que estamos trabalhando. Este é um processo bem fácil de ser executado, mas todos os passos que estão detalhados adiante devem ser seguidos para garantir o sucesso da operação.

Passo a Passo

Preparação inicial

I. Analise de forma cautelosa o tipo de transformação que você necessita na sua vida. Com base nessa análise, escolha o planeta de acordo com as informações fornecidas no capítulo 1.

II. Esta operação deve ser executada no dia do planeta em uma de suas horas. É importante que a combinação dia + hora seja respeitada.

III. Prepare um local limpo e calmo aonde nada irá lhe perturbar.

Invocação

I. Desenhe o símbolo do planeta no topo da sua testa, preferencialmente na cor do planeta.

II. Vista roupas na cor do planeta.

III. Sente-se em uma posição completamente confortável que o permita entrar em um estado de relaxamento profundo.

IV. Relaxe, feche os olhos e diga a seguinte frase:

Eu invoco os poderes de [nome do planeta em hebraico].

V. Repita a frase continuamente com intervalos de alguns segundos até que você esteja tão relaxado que já começa a esquecer de pronunciá-la ou esteja quase adormecendo.

VI. O tempo de duração vai depender do estado de relaxamento alcançado. Quando você retornar a seu estado normal, finalize a invocação agradecendo ao planeta.

CAPÍTULO 6

DÚVIDAS COMUNS

É possível trabalhar com planetas fora de seus dias e horas específicas?

É completamente possível, porém, o nível de energia estará bem reduzido, o que pode comprometer o sucesso do trabalho. Os planetas atingem seus picos máximos de energia no dia da semana de sua regência combinado a uma de suas horas.

Qual a diferença entre os espíritos planetários e outros tipos de espíritos?

Na verdade, todos os espíritos habitam algum planeta. Quando dizemos espíritos planetários, estamos nos referindo a aqueles que governam os planetas e que representam seus poderes.

Onde posso obter as horas dos planetas?

As horas planetárias não são as mesmas todos os dias e dependem da localização da pessoa. Pesquisando "horas planetárias" no Google, você vai encontrar diversos sites que fornecem esta informação de forma precisa. Também existem alguns aplicativos para smartphone com o mesmo propósito.

Quais os possíveis efeitos negativos da magia planetária?

É preciso ficar bem esclarecido que cada planeta possui suas próprias características e trabalham de acordo com elas. Portanto, pode acontecer da influência de determinado planeta não ser adequada para o momento atual que se encontra sua vida e isso pode gerar reflexos indesejáveis.

Como posso afastar as influências de um planeta da minha vida?

Caso algo não esteja acontecendo como o esperado, você pode utilizar o Ritual do Pentagrama que se encontra no Apêndice deste livro. Algumas fontes recomendam a realização do Ritual do Hexagrama para banir energias planetárias, mas eu o considero desnecessário.

APÊNDICE

Ritual do Pentagrama

Criado pela Ordem Hermética da Golden Dawn, este é um ritual poderoso projetado para banir qualquer energia caótica de sua vida e do espaço onde você esteja trabalhando. É amplamente utilizado para abrir quaisquer cerimônias mágicas, a fim de banir todos os espíritos que possam estar ao redor e deixar o local limpo para receber as forças com quem desejamos entrar em contato. Ele também pode protegê-lo quando é praticado diariamente[1], ajudando a fortalecer sua aura e tornar o seu campo energético mais equilibrado e forte contra qualquer tipo de espírito com intenção maliciosa ou magia negra.

Aleister Crowley, o mago mais bem-sucedido do século 20, escreveu em suas notas sobre o Ritual do Pentagrama:

> *"Todo homem tem uma fortaleza natural dentro de si mesmo, a alma inexpugnável. Além desta cidadela central, o homem também tem uma fortaleza externa, a aura. É o dever de cada pessoa garantir que a sua aura esteja em boas condições. Existem dois métodos principais para fazer isso. O primeiro é através da execução duas ou três vezes ao dia do Ritual do Pentagrama. O seu ponto principal é o de estabelecer no astral quatro pentagramas, um em cada direção, e dois hexagramas, um acima e outro abaixo, trancando assim o mago, por assim dizer, em uma caixa consagrada. Ele também coloca em sua aura os nomes divinos invocados".*

Treinando Sua Visualização

A desvantagem deste ritual para iniciantes é o seu processo de visualização. Você deve visualizar um monte de coisas, tais como esferas de luz, pentagramas, círculos, cruzes, etc. Isso é realmente importante, porque tudo estará realmente acontecendo no plano astral. Por exemplo, se você está desenhando um pentagrama no ar, você deve visualizar claramente este pentagrama no ar. Você pode fazer isso com os olhos fechados ou abertos. Eu prefiro ficar com os olhos fechados porque, pelo menos para mim, facilita o processo. A visualização de cores também é um problema. O padrão é visualizar a esfera na luz branca e brilhante, e isso pode ser fácil ou difícil para você. Para mim, acho a luz branca um pouco difícil de visualizar. Eu prefiro outras cores, como o amarelo ou azul.

Para desenvolver sua capacidade de visualizar qualquer coisa com os olhos da mente é preciso praticá-la. Fique de pé ou sentado em um lugar calmo, feche os olhos e comece a imaginar coisas ao seu redor, como esferas de luz e pentagramas. Desenhe o que quiser no ar com o dedo indicador e os visualize claramente. Tente manter os desenhos ativos na mente por tanto tempo quanto possível e não perca o foco. Outro exercício que você pode fazer é olhar para uma imagem por aproximadamente três minutos. Feche os olhos e tente reproduzi-la em sua mente com todos os detalhes. Fazendo isso diariamente, você vai melhorar consideravelmente a sua capacidade de ver com os olhos da mente.

Passo a Passo

A Cruz Cabalística

Todas as esferas de luz neste ritual são formadas a partir da mesma fonte de luz. Outras versões nos pedem para imaginar essas esferas sem mencionar de onde vem a energia. Considero isso um erro e foi por isso que criei uma versão modificada da Cruz Cabalística.

I. Vá para o leste e fique de frente para o leste. Se posicione de pé com os pés juntos e braços junto ao corpo. Imagine que uma esfera de luz branca e brilhante está descendo bem longe acima de sua cabeça. Essa esfera tem cerca de 25 cm de diâmetro e agora está logo acima da sua cabeça.

II. Com um punhal, varinha ou o dedo indicador direito, toque a luz e traga uma fração dela para a sua testa. Essa esfera menor tem metade do tamanho da esfera acima da sua cabeça. Toque na testa e vibre ATAH.

III. Toque a luz novamente, mas desta vez aponte para os pés e imagine a esfera de luz descendo ao chão. Vibre MALKUTH.

IV. Agora traga outra esfera de luz para o ombro direito. Toque no ombro e vibre VE-GEBURAH.

V. Traga outra esfera para o ombro esquerdo. Toque no ombro e vibre VE-GEDULAH.

VI. Junte as mãos na frente do seu peito e vibre LE-OLAHM. Agora imagine claramente as quatro esferas de luz formando uma cruz e esta cruz entrando em seu corpo, enchendo-o de pura luz.

VII. Ainda com as mãos juntas vibre AMÉM.

Desenhando os pentagramas

Para traçar os pentagramas no ar você pode usar uma adaga, uma varinha ou o seu dedo indicador, de preferência o da mão direita. Neste tutorial, vamos trabalhar com o dedo indicador.

I. No leste, virado para o leste, desenhe no ar o Pentagrama de Banimento da Terra e traga a ponta do seu dedo para o centro do pentagrama. Vibre[2] o nome YHVH.

Figura 24. O Pentagrama de Banimento da Terra

A seta indica a direção que você deve desenhar o pentagrama.

II. Sem mover o dedo em qualquer outra direção, comece a traçar um círculo enquanto você se move para o sul. No sul, trace o Pentagrama de Banimento da Terra (Figura 24) novamente. Traga o seu dedo para o centro e vibre ADNI.

III. Continue o semicírculo para o oeste e novamente trace o pentagrama trazendo o seu dedo para o centro. Vibre AHIH.

IV. Repita o mesmo processo para o norte. Vibre o nome AGLA ATAH GIBOR LE-OLAHM.

V. Agora, complete o círculo trazendo o dedo novamente para o centro do pentagrama que você desenhou no leste.

VI. Ainda no leste, fique em posição de cruz (pés juntos e braços estendidos) e diga:

Na minha frente, o grande Arcanjo Rafael (vibre).

Atrás de mim, o grande Arcanjo Gabriel (vibre).

Na minha direita, o grande Arcanjo Miguel (vibre).

Na minha esquerda, o grande Arcanjo Auriel (vibre).

VII. Agora diga:

Ao meu redor flamejam os pentagramas.

Imagine que o círculo e os pentagramas estão em chamas de cor branca.

E na coluna do meio brilha a estrela de seis pontas.

Imagine dois hexagramas brilhantes, um embaixo e um acima de você, formando uma grade de luz em torno do seu corpo.

VIII. Repita a Cruz Cabalística e o ritual está completo.

Guia de Pronúncia

Aprenda a pronunciar as palavras e nomes usados neste ritual na forma que são pronunciadas em hebraico.

Tabela 17. Guia de pronúncia

ATAH (Tu és)	a-tá
MALKUTH (o Reino)	marrut
VE-GEBURAH (e Poder)	vê-guê-bu-rá
VE-GEDULAH (e Glória)	vê-guê-du-lá
LE-OLAHM (para sempre)	lê-olam
YHVH	i-rro-vá
ADNI	a-do-nai
AHIH	é-rrê-ié
AGLA	a-ga-lá
GIBOR	gui-bor

As pronúncias acima foram transcritas depois de ouvir muitas vezes áudios de falantes nativos de hebraico. Portanto, estão bem próximas da realidade.

Notas Finais

1. A fim de praticar o Ritual de Banimento do Pentagrama diariamente, você também precisa praticar o Ritual de Invocação do Pentagrama (ver tópico seguinte). Caso contrário, sua energia será desequilibrada.

2. Todos os nomes de Deus usados neste ritual devem ser vibrados intensamente para os limites do universo.

Invocar e Banir os Quatro Elementos

A Cruz Cabalística

Todas as esferas de luz neste ritual são formadas a partir da mesma fonte de luz. Outras versões nos pedem para imaginar essas esferas sem mencionar de onde vem a energia. Considero isso um erro e foi por isso que criei uma versão modificada da Cruz Cabalística.

I. Vá para o leste e fique de frente para o leste. Se posicione de pé com os pés juntos e braços junto ao corpo. Imagine que uma esfera de luz branca e brilhante está descendo bem longe acima de sua cabeça. Essa esfera tem cerca de 25 cm de diâmetro e agora está logo acima da sua cabeça.

II. Com um punhal, varinha ou o dedo indicador direito, toque a luz e traga uma fração dela para a sua testa. Essa esfera menor tem metade do tamanho da esfera acima da sua cabeça. Toque na testa e vibre ATAH.

III. Toque a luz novamente, mas desta vez aponte para os pés e imagine a esfera de luz descendo ao chão. Vibre MALKUTH.

IV. Agora traga outra esfera de luz para o ombro direito. Toque no ombro e vibre VE-GEBURAH.

V. Traga outra esfera para o ombro esquerdo. Toque no ombro e vibre VE-GEDULAH.

VI. Junte as mãos na frente do seu peito e vibre LE-OLAHM. Agora imagine claramente as quatro esferas de luz formando uma cruz e esta cruz entrando em seu corpo, enchendo-o de pura luz.

VII. Ainda com as mãos juntas vibre AMÉM.

Desenhando os Pentagramas

Aqui você deve escolher se deseja banir ou invocar os quatro elementos. A única diferença está nos pentagramas desenhados nesta etapa. A imagem seguinte lhe fornece tanto a versão de banimento quanto invocação.

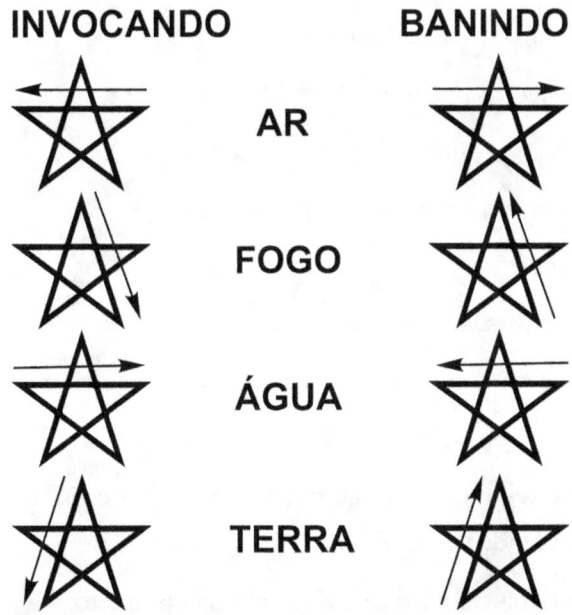

Figura 25. Pentagramas de invocação e banimento

I. No leste, virado para o leste, desenhe no ar a versão apropriada do Pentagrama do Ar e traga a ponta do seu dedo para o centro do pentagrama. Vibre o nome YHVH.

II. Sem mover o dedo em qualquer outra direção, comece a traçar um círculo enquanto você se move para o sul. No sul, trace a versão apropriada do Pentagrama do Fogo. Traga o seu dedo para o centro e vibre ADNI.

III. Continue o semicírculo para o oeste e trace o Pentagrama da Água trazendo o dedo para o centro. Vibre AHIH.

IV. Repita o mesmo processo para o norte com o Pentagrama da Terra. Vibre o nome AGLA ATAH GIBOR LE-OLAHM.

V. Agora, complete o círculo trazendo o dedo para o centro do pentagrama que você desenhou no leste.

VI. No leste, fique em posição de cruz (pés juntos e braços estendidos) e diga:

Na minha frente, o grande Arcanjo Rafael (vibre).

Atrás de mim, o grande Arcanjo Gabriel (vibre).

Na minha direita, o grande Arcanjo Miguel (vibre).

Na minha esquerda, o grande Arcanjo Auriel (vibre).

VII. Agora diga:

Ao meu redor flamejam os pentagramas.

Imagine que o círculo e os pentagramas estão em chamas de cor branca.

E na coluna do meio brilha a estrela de seis pontas.

Imagine dois hexagramas brilhantes, um embaixo e um acima de você, formando uma grade de luz em torno do seu corpo.

VIII. Repita a Cruz Cabalística e o ritual está completo.

Exemplo de Feitiço com Planeta

É possível adaptar feitiços tradicionais para fazer uso de energias planetárias. No exemplo a seguir, veremos um feitiço do amor sendo trabalhado com Vênus.

Coisas Que Você Vai Precisar

- Uma folha de papel em branco
- Um pedaço de papel vermelho

➤ Lápis verde e vermelho

➤ Uma vela verde

Passo a Passo

I. Previamente, crie um disco planetário de Vênus conforme instruções dadas na página 33, utilizando o papel branco. Também desenhe e recorte um coração no papel vermelho. O coração deve caber dentro do disco planetário.

II. Os passos seguintes devem ser todos realizados num dia de sexta feira em uma das horas de Vênus.

III. Dentro do coração, escreva o que você deseja que aconteça entre você e a pessoa amada. A frase escrita deve conter o seu nome e o nome da pessoa. Para esta tarefa, você pode utilizar um lápis comum.

IV. Coloque o coração sobre o disco planetário. Em seguida, posicione a vela em frente do disco a uma distância segura para que não aconteça nenhum acidente.

V. Acenda a vela e diga a seguinte conjuração 3x:

Eu invoco os poderes de Vênus.

Eu invoco os poderes de Vênus no amor.

Eu invoco os poderes da deusa Vênus.

Eu invoco os poderes da deusa Vênus no amor.

Deusa, [diga qual o seu desejo].

VI. Deixe a vela queimar até o fim.

VII. Mantenha o coração sobre o disco planetário até a sexta feira seguinte. Depois desse período, você pode descartar tanto o disco quanto o coração.

www.ingramcontent.com/pod-product-compliance
Lightning Source LLC
Chambersburg PA
CBHW062203100526
44589CB00014B/1927